AF242499

DE
LA LIQUIDATION
DE
LA DETTE EXIGIBLE,

Lu à la Société de 1789, par un Membre de cette Société, le 13 Septembre 1790.

1790.

DE LA LIQUIDATION

DE LA DETTE EXIGIBLE,

Lu à la Société de 1789, par un Membre de cette Société, le 13 Septembre 1790.

Ne quid nimis.

MM.

Après avoir eu l'honneur de vous faire la lecture d'un ouvrage (1) qui a mérité votre approbation & vos suffrages, comme étant dicté par un esprit de justice, dirigé par une saine raison, & rédigé avec

---

(1) L'ouvrage de M. de la Freté.

A

autant de méthode que de clarté ; je dois paroître téméraire de remonter à cette tribune, & d'occuper votre attention sur le même sujet.

Mais, MM., ce plan, qu'il seroit desirable de voir exécuté, est-il conciliable avec les circonstances urgentes dans lesquelles nous nous trouvons ? L'est-il avec notre impétuosité naturelle, & la fermentation générale qu'excite dans tout le royaume, la grande & importante question sur laquelle va prononcer l'assemblée nationale ?

Je crains fort que non. Je crains que, forcés de donner quelque chose au hasard, & plus encore à la célérité, nos législateurs ne doivent préférer, même par prudence, un parti plus tranchant ; pourvu qu'il soit dégagé des grands inconvéniens que beaucoup de citoyens éclairés & désintéressés redoutent avec raison dans une émission subite d'Assignats-monnoie, pour des sommes immenses.

Sans - doute, c'est une conception du

génie que l'idée de combler un abyme avec une montagne qui se trouve à proximité. Mais ce que la pensée réalise dans le plus petit point de tems, ne peut pas s'exécuter de même.

Trop d'efforts réunis, trop de bras employés en même tems, se nuiroient les uns aux autres. Il faut donner une direction aux travaux, & prendre des précautions contre les accidens, si l'on ne veut pas être entraîné dans l'abyme par la masse destinée à le combler ; si l'on ne veut pas courir le risque d'occasionner à une grande distance environnante, une commotion destructive.

Telle me paroît être l'idée de l'émission subite & simultanée de 1900 millions d'Assignats - monnoie, pour liquider & rembourser à l'instant une dette équivalente.

On vous a peint, MM., avec autant d'énergie que de vérité, les effets d'une impulsion aussi violente, qui, bien loin d'accélérer la circulation, peut & doit nécessairement l'engorger , faire fuir le numéraire devenu inutile, en faciliter par conséquent le transport & l'émission presque totale chez l'étranger. Le peuple ne s'occupe jamais que de ses besoins actuels; mais ceux à qui il a confié le droit de le diriger , doivent souvent prévoir pour lui , & résister à ses volontés momentanées pour assurer son existance & son repos.

Je ne ferois qu'affoiblir ces réflexions & fatiguer inutilement votre attention en vous les retraçant : je me bornerai donc à deux observations.

1°. L'émission des assignats - monnoie, telle qu'elle a été proposée, me paroît d'autant plus dangereuse , principalement pour le peuple, qu'elle nous occasionneroit les effets de la disette , au milieu de l'abondance.

Malgré les décrets de l'Assemblée Nationale , & les efforts des corps administratifs , malgré la diminution sensible du prix du bled , le peuple s'oppose encore dans beaucoup d'endroits à la libre circulation de cette denrée. Quelle ne sera point sa réfiftance, lorfque l'émiffion du papier-monnoie la fera renchérir, & qu'un grand nombre de fermiers voudra faire ce qu'ont déjà fait plufieurs d'entr'eux, ne vendre que contre du numéraire effectif, & remporter leurs facs plutôt que de recevoir du papier!

2°. L'émiffion, telle qu'on l'a propofée, iroit contre fon but, en n'éteignant qu'une partie de la dette exigible, fort inférieure à la quantité de ce même papier, & à la valeur qu'il eft deftiné à repréfenter.

En effet, on propofe de fabriquer & d'émettre en même tems dix-neuf cents millions de papier-monnoie pour liquider & rembourfer. Mais il eft de toute impoffibilité morale & phyfique, que la dette puiffe être liquidée, même au fimple tiers, avant plufieurs mois; & en totalité, avant trois années révolues.

La liquidation des effets échus pourra être prompte, & fe terminer avant la fin

A 3

de l'année. Mais celle des offices exige plus de temps. Il y en aura beaucoup à évaluer, soit par estimation, soit par comparaison avec le prix commun des ventes pendant vingt années. Il en faudra régler beaucoup d'une manière isolée, & d'après les registres des parties casuelles, lorsque les offices reposeront encore sur la tête du premier acquéreur. Il y en aura un grand nombre dont il faudra distribuer & partager le prix, soit entre des co-héritiers, soit entre des créanciers étrangers. Il ne faut pas avoir une grande connoissance des affaires pour sentir combien ces discussions entraîneront de longueurs.

Les charges de finance seront dans le même cas, & bien plus encore. On ne pourra procéder à leur remboursement qu'après l'appurement des comptes de chaque titulaire ; & les exercices de l'année actuelle s'étendront nécessairement, pour les recouvremens, à toute l'année 1791, au moins. Les receveurs généraux ne pourront compter qu'après les receveurs particuliers. Beaucoup de cautionnemens éprouveront une partie de ces retards.

Si néanmoins la quantité d'affignats propofée eft faite, il fera impoffible de ne pas en employer une partie au befoin journalier du tréfor public.

Chaque quart-d'heure en fournit la preuve, & femble en preferire la néceffité. Ainfi, il fe trouvera qu'au bout d'une année, le papier manquera aux rembourfemens, ou que l'on fera obligé de fortir de la mefure que l'on s'eft propofée, quelqu'exhorbitante qu'elle foit.

Alors on ne payera pas, ou, ce qui revient au même, on ne donnera en paiement que des valeurs imaginaires & fans hypothèque, des délégations fans objets délégués.

Je ne fais fi je me trompe ; mais au lieu de combler l'abîme par une pareille opération, il me femble qu'on ne fait qu'en augmenter la profondeur.

Réfulte-t-il de ce que je viens d'expofer, qu'il ne faille pas liquider & acquitter la dette rembourſable ? Non ſans doute. Mais ce n'eſt pas par le moyen propoſé qu'il convient de faire une pareille opératioh.

Il en exiſte deux autres.

Celui de rembourſer avec des quittances de finance, portant intérêt, juſqu'à l'emploi en acquiſition des biens nationaux.

Celui de rembourſer avec des billets de liquidation, ſans intérêt, & avec une prime décroiſſante.

Vous vous rappellez encore, MM., les développemens méthodiques du premier moyen, contenus dans le mémoire dont vous avez agréé que je vous fiſſe la lecture, & dont vous avez deſiré l'impreſſion.

Je me garderois d'appuyer d'après cela ſur aucune autre propoſition, ſi je ne craignois pas, comme je l'ai annoncé en commençant, que cette opération ne fût trop ſage & trop lente pour notre impatience, & que l'urgence des circonſtances ne forçât à déroger à la juſtice rigoureuſe des diſpoſitions de ce plan.

Il ſeroit à craindre que l'intérêt attaché à ces quittances ne les fit garder en porte-feuille, au lieu de les employer en acquisitions moins fructueuses.

D'ailleurs, MM., considérez la masse d'intérêts dont les quittances de finance surchargeroient le trésor public. Je le sais, c'est une justice, & il est douloureux de la combattre. Mais voyez combien la perception des impositions est pénible & lente : voyez s'il seroit pratiquable de les augmenter, & si ce ne seroit pas courir le risque de ne recevoir rien, ou presque rien.

De deux maux il faut éviter le pire.

Nous sommes malades ; nous avons besoin de remèdes actifs & pressans : & c'est sous ce point de vue que je crois plus convenable le second projet qui a beaucoup d'analogie avec les idées que vous a déjà soumises un des membres de cette société, & auxquelles vous avez également applaudi.

Avant de le développer, j'établis quelques points principaux.

La nécessité de vendre les biens nationaux, est reconnue & incontestable.

La nécessité de les vendre tous, l'est
également.

Il en est de même de celle de les vendre le plus promptement possible. Ils ne
seront jamais productifs dans les mains
d'une administration. L'expérience de tous
les temps l'a prouvé, au lieu que, livrés
à l'activité suivie, ou, si l'on veut même, à l'avidité de l'intérêt personnel, ils
fourniront bien plus aisément & plus abon-
damment les impositions nécessaires à la
tranquillité intérieure & extérieure de l'état.

Enfin, l'intérêt majeur de les vendre
le plus avantageusement possible, ne peut
pas faire la matière d'un doute.

Ces quatre points une fois convenus,
peut-il y avoir un moyen plus efficace
de vendre promptement & avantageusement les biens nationaux, que celui de
mettre entre les mains d'une masse immense
de créanciers pour dix-neuf cents millions
de papier qui ne leur produise rien, tant

qu'ils le garderont, & qu'ils ne pourront employer utilement que de cette manière.

Je propose donc de liquider tout ce que le comité des finances a compris fous la dénomination de dette remboursable, échue ou non échue, montant en total à 1878 millions, & ce, à commencer du premier Octobre prochain ; les intérêts ou gages de ces objets devant courir jusqu'au premier Janvier prochain :

De fournir en remboursement des billets au porteur, de mille, cinq cents, trois cents & deux cents livres, fous la dénomination de billets de liquidation, avec affignation fur les biens nationaux; de décréter que ces billets feront feuls admis à leur acquisition, avec exclusion formelle de toute autre valeur quelconque, même celle du numéraire effectif; & fans autre concurrence que celle des affignats-monnoie déjà décrétés :

De décréter que ces billets ne porteront par eux-mêmes aucun intérêt ; mais

qu'il y fera attribué une prime décroif-
fante dans la proportion fuivante.

Tous billets de liquidation qui feront
donnés en paiement de biens nationaux,
ou en rachat de rentes, preftations, ou
droits éventuels, d'ici au 31 Décembre
1791 inclufivement, feront reçus pour
la valeur y énoncée, plus quatre pour
cent au delà, imputés fur le prix des acquifitions, ou rachat.

A partir du premier Janvier 1792 au
31 Décembre de la même année, ils feront reçus pour leur valeur capitale ; plus
une prime de trois pour cent.

Du premier Janvier 1793, au 31 Décembre
fuivant, ils feront reçus pour la même valeur, plus une prime de deux pour cent.

A cette époque toute prime ceffera.

Cependant pour concilier, autant qu'il
eft poffible, la juftice avec l'intérêt pref-
fant de la nation d'accélérer les ventes,
les billets donnés en rembourfement des
offices & cautionnemens de finance, qui
ne peut avoir lieu qu'après l'appurement
des comptes, porteront la date de l'année

dans laquelle ces comptes auront été rendus ; & la fixation de la prime, avec son décroiffement annuel, ne datera, pour ceux-là feulement, que du jour où ils auront été fournis.

Ces billets ne pourront être faits que fucceffivement, & d'après des bordereaux détaillés & certifiés du comité de liquidation, & pour les fommes équivalentes feulement, au total des objets liquidés compris dans ces bordereaux.

Il ne fera attribué aucune prime aux affignats-monnoie, attendu qu'ils portent un intérêt équivalent. Mais ils feront reçus pour leur capital ; plus l'intérêt échu.

Tous les billets, foit de liquidation, foit d'affignats-monnoie, qui feront rentrés par les ventes, ou par le rachat des preftations ou droits éventuels, feront brûlés publiquement, le dernier de chaque mois de leur verfement à la caiffe de l'extraordinaire, à quelque fomme qu'ils puiffent monter ; & il en fera dreffé, chaque fois, un procès-verbal authentique.

Ces billets de liquidation auront-ils cours de monnoie, & fera-t-on forcé de les recevoir, foit en acquittement de créances, foit dans le commerce ?

Telle eft la queftion majeure, fur laquelle je ne balance pas à prononcer pour la négative abfolue; excepté dans un feul cas.

Ce cas eft celui de tout créancier hypothécaire, ou privilégié, qui formera oppofition au fceau, ou aux hypothèques, & qui mettra par-là obftacle à la liquidation & au rembourfement. En lui offrant le paiement de cette manière, le débiteur doit être déchargé, ainfi que le furplus de fes biens.

En effet, celui qui a aliéné fon capital à conftitution fur l'office que l'état rembourfe de cette manière, étoit affocié à la propriété; & quand il excipe de fon droit, il doit en partager le produit. L'office fur lequel il s'étoit affuré & ménagé une hypothèque, n'exifte plus par force majeure, il eft par cette même force converti en papier repréfentatif de fa valeur.

Le créancier, le propriétaire partiel

de cet office ne doit donc pas refuser la décharge au titulaire, toutes les fois que celui-ci lui remet en même nature sa portion contingente, dans la transmutation qui en a été faite; sur - tout quand le créancier prive, par son opposition, le débiteur de l'usage & de l'emploi de cette même valeur, en acquisition d'immeubles qui augmenteroient son propre gage, & sur lesquels son hypothèque se trouveroit transférée de droit.

Il y a une grande différence entre ce créancier, & celui qui n'a qu'un titre privé, & à terme fixe.

L'un a consenti à aliéner son capital, & a stipulé pour son aliénation volontaire, un gage dont il est devenu co-propriétaire.

L'autre n'a voulu se défaisir qu'à temps. Il a stipulé son paiement à époque déterminée, & sans autre sureté que la sureté générale, fondée sur les loix, & sur la foi de son débiteur.

Le titulaire d'office ne me paroît pas recevable vis-à-vis de ce dernier, à lui dire qu'il ne peut payer qu'avec ce qu'on lui donne. Car ſi ſon office ſubſiſtoit, il n'en devroit pas moins payer ſon créancier ſimple, en numéraire ayant cours. Il devroit l'acquitter ſur des reſſources différentes ; au lieu que le créancier hypothécaire ſur la choſe, ne pouvoit exiger que l'acquittement des arrérages.

Indépendamment des principes de juſtice diſtributive que je viens d'expoſer, il y a des raiſons politiques qui me paroiſſent preſcrire impérieuſement d'ôter, hors ce ſeul cas, aux billets de liquidation une valeur forcée.

1°. C'eſt le ſeul moyen d'empêcher qu'une émiſſion immenſe de papier n'obſtrue le commerce & l'agriculture, au lieu de les ſervir efficacement.

2°. Si ce papier ſe détourne ſenſiblement dans ſa marche de ſon objet principal, qui eſt l'acquiſition des domaines nationaux ; il n'y portera pas toute l'influence qu'il eſt utile & néceſſaire d'y porter.

3°. S'il fervoit à tous les ufages du commerce, & à l'acquittement de toutes les
dettes, il feroit néceffairement difparoître
tout le numéraire effectif.

Au lieu qu'en le refferrant dans un ca-
nal unique & forcé, il fera un effet tout
contraire, & rechaffera dans le commerce
& dans l'acquittement des contributions,
ce même numéraire effectif, qui ne pourra pas s'allier avec lui , & par lequel
il ne pourra pas plus être remplacé, que
le remplacer lui même.

C'eft la raifon qui me fait mettre à l'af-
firmative, que les billets de liquidation
avec affignat doivent feuls, & exclufivement
à toute autre valeur, être admis dans l'a-
chat des biens nationaux , & dans le rachat des redevances & droits éventuels ;
fauf néanmoins les affignats - monnoie ,
déjà décrétés , & à décréter pour fatis-
faire aux befoins urgens du tréfor public,
& qui, ayant un caractère mixte, feroient
employés indifféremment à l'un & à l'autre
ufage.

B

4°. La possibilité de placer ces billets, aussi-tôt leur émission, en paiement des domaines nationaux, présentera aux créanciers, soldés de cette manière, une sorte d'indemnité, & en soutiendra la valeur; puisque, par ce moyen, on se procurera dans la première année sept à huit pour cent de produit, tant dans la prime, que dans le revenu des biens dont on se sera rendu acquéreur.

D'un autre côté, plus il en sera rentré promptement, moins ils éprouveront de défaveur.

On voit, ce me semble, que de cette manière, & avec ces précautions, la quantité quelconque de ce papier ne peut pas être dangereuse : 1°. parce qu'elle est déterminée sur des bases certaines, qu'elle ne peut jamais excéder ; 2°. parce que ce papier s'anéantit dès qu'il a rempli son unique destination ; 3°. parce que ne remplaçant pas le numéraire, il ne peut pas le faire disparoître, & tend au contraire à le mettre en évidence pour tous les usages journaliers & commerciaux.

C'est une des raisons qui me paroissent décisives contre la proposition de faire de ces billets pour de très-foibles sommes, & jusqu'à concurrence de vingt - quatre livres. Ce seroit-là, selon moi, ce qui feroit vraiement disparoître le numéraire effectif, embarrasseroit toutes les petites transactions, & feroit augmenter au-de-là de toute proportion le prix de la main-d'œuvre & de toutes les denrées de pre-mière nécessité.

Dans cette position, il ne reste plus qu'à examiner si l'on peut déléguer & assigner sur les domaines nationaux, la totalité de la dette exigible, & s'il ne s'en trouve-roit pas une portion sans assiète, & par conséquent sans valeur réelle.

Je pense que la valeur des domaines excédera le montant de la dette à liquider. Je sais qu'une simple assertion sur un ob-jet de cette importance est nulle. Je vais

vous foumettre, MM., les bafes fur lef-
quelles je me fonde, & vous les jugèrez.

Les revenus eccléfiaftiques réels , ont
été très-généralement appréciés, dans l'é-
tat où ils étoient l'année dernière , à
180 millions. Les décrets du 4 août &
jours fuivans , les ont confidérablement
diminués : je les réduis en conféquence
de 100 millions , & je ne les porte plus
ici qu'à 80 millions. ci...   80,000,000 l.

J'y joins pour un produit
de 10 millions feulement,
la totalité des biens doma-
niaux & appanages. Ce
produit n'eft certainement
pas exagéré. ci........   10,000,000

TOTAL.   90,000,000

Or le capital au denier
25 de ce produit, eft de.. 2,250,000,000

Maintenant je calcule le montant des
billets de liquidation & des affignats-monnoie.

Billets de liquidation.. 1,878,000,000
Affignats déjà décrétés. 400,000,000
Affignats à décréter pour affurer le fervice courant & remplacer le retard des impofitions 200,000,000
____
2,478,000,000
J'ai eftimé les biens à.. 2,250,000,000
DÉFICIT. 228,000,000

Mais, MM., ce déficit n'eft qu'apparent, il y a de quoi le couvrir & au delà.

Vous voyez 1°. que j'ai fixé la valeur capitale fur le pied le plus avantageux aux acheteurs ;

2°. Que je l'ai fixée fur le revenu actuel, fans y comprendre la dépréciation des baux anciens par leur inftabilité, par d'énormes pot-de-vin, & des contre-lettres.

3°. Qu'en ôtant des revenus eccléfiaftiques le montant total de la dixme, je n'ai rien ajouté en augmentation de valeur fur tous les biens qui y étoient fujets, comme n'appartenant pas à de gros décimateurs.

4°. Je n'ai pas compris la valeur de toutes les maisons clauſtrales & de plaiſance, les maiſons d'aſſemblée & d'habitation, des chapîtres, qui n'ont jamais été comptées dans les revenus, comme n'en produiſant pas d'effectifs.

5°. Je n'y ai pas porté non plus toutes les maiſons & terreins du domaine, qui n'étoient que des objets de jouiſſance & d'agrément, ou des habitations de faveur concédées à vie à titre gratuit, ce qui eſt très-conſidérable.

6°. Je n'y ai rien porté pour le mobilier, autre que celui d'un uſage individuel, & que la juſtice & l'humanité commandent de laiſſer en partage aux religieux & religieuſes.

Mais il exiſte, indépendamment de cela, un mobilier immenſe en livres, tableaux, vaſes, ornemens, meubles oratoires & gros meubles ; indépendamment des cloches dont la valeur vraiſemblablement exagérée, ne laiſſe cependant pas que d'avoir ſon prix & ſon importance.

7°. Et enfin je n'y ai rien porté pour un objet plus confidérable peut-être à lui feul que tous ceux qui précèdent ; c'eft le rachat des droits cenfuels & éventuels, qui, comme variables & peu repétés, ne font portés prefque pour rien dans toutes les évaluations, & qui cependant doit produire, d'ici à peu de mois, des fommes importantes, & dont le recouvrement commence à fe faire avec activité.

Toutes les maifons de Paris, excepté celles qui dépendent de l'ordre de Malthe, & la majeure partie des terreins qui environnent cette capitale, font dans la cenfive eccléfiaftique ou domaniale.

On fe preffe déjà de libérer fes immeubles des redevances, & il n'y a pas le moindre doute que tout créancier de l'état qui en poffède, commencera par libérer ce qu'il a, avec des billets de liquidation ou des affignats, avant que de s'occuper d'acquifitions nouvelles.

Je crois donc pouvoir fans imprudence eftimer ces objets réunis beaucoup plus haut que le déficit de 228 millions que j'avois d'abord préfenté.

J'ajoute tout de fuite fur la maffe des parties à rembourfer, une déduction de plus de 40 millions : puifque le clergé poffede lui - même plus de deux millions de rentes dans celles qui ont été conftituées par fon propre corps ; indépendamment des rentes beaucoup plus confidérables, appartenantes aux gens de mainmorte, & conftituées directement fur l'état.

L'opération que je viens d'avoir l'honneur de foumettre à votre attention, me paroît entière & complette. Elle me femble réunir tout ce que l'on pouvoit raifonnablement fe propofer; puifqu'elle tend à foulager, dès le premier janvier 1791, le tréfor public d'une dépenfe de plus de cent millions : puifqu'elle éteint en totalité, la dette exigible échue & à échoir, & cela fans convulfion, fans déranger le cours des opérations rurales & commerciales, fans boulever fertoutes les fortu-

nes

nes & faire fuir dans les royaumes étrangers, un numéraire effectif, dont le reſtant ſeroit reſſérré & enfoui, autant à cauſe de ſon peu d'utilité momentanée, que par défiance ou mauvaiſe volonté : puiſqu'enfin fourniſſant à la circulation une addition de numéraire de deux cents millions, il lui donne toute l'activité pratiquable, procure les moyens d'entretenir les travaux de tout genre, & d'y ajouter au moins cent cinquante millions d'impôts directs arriérés, dont le recouvrement ne peut que mettre la plus grande aiſance dans les opérations publiques & particulières.